CONSEIL CENTRAL D'HYGIÈNE & DE SALUBRITÉ DU NORD.

RAPPORT

SUR UNE ÉPIDÉMIE DE FIÈVRE TYPHOÏDE

A la Maison d'arrêt de Lille.

Messieurs,

Dans sa séance du 9 mai dernier, le Conseil central d'hygiène apprit que de nombreux cas de fièvre typhoïde s'étaient produits à la Maison d'arrêt de Lille. Justement ému des dangers qui pouvaient résulter du développement d'une épidémie semblable, pour les détenus, d'abord, puis pour la population lilloise elle-même, car la Maison d'arrêt est malheureusement au centre d'une agglomération compacte, le Conseil délégua une Commission à l'effet de se rendre compte de l'origine de la maladie, et des moyens de s'opposer à sa propagation. Cette Commission, composée de MM. Meurein, Cazeneuve, Pilat, Wintrebert et Hallez, s'est transportée à la Maison d'arrêt, a visité le quartier spécialement infecté, a pris tous les renseignements désirables sur le développement et la marche de la maladie, et c'est le résultat de cet examen, ainsi que les moyens proposés pour prévenir le retour de semblables accidents, que je vais avoir l'honneur de vous exposer.

HISTORIQUE DE L'ÉPIDÉMIE. — D'abord, un mot sur l'historique de cette épidémie locale.

Le premier cas de fièvre typhoïde remonte au mois de

décembre 1878. Le 23 décembre entre à l'infirmerie le nommé Bruno C., atteint de fièvre typhoïde, détenu depuis le 15 septembre. Voici donc un premier fait établi : l'épidémie n'est pas importée, elle naît sur place. Ce malade guérit, et le cas reste isolé.

Aucun cas en janvier et février.

Fin mars, trois cas se produisent presque simultanément dans le quartier qui sera le foyer spécial de la maladie, quartier dit *des Chaussons* ou *Petit Quartier,* réservé aux détenus jeunes et dont la condamnation, pour la plupart, ne dépasse pas quatre mois. Ces trois cas sont soignés à l'infirmerie de la prison. Les trois malades guérissent, mais deux d'entre eux furent gravement atteints, avec état de stupeur très-marqué, délire, etc. ; le diagnostic n'était pas douteux, c'était bien la fièvre typhoïde; le troisième malade fut légèrement pris, la fièvre avorta.

Fin avril, une série de treize cas se produit presque simultanément, encore dans le petit quartier. Ces treize malades sont dirigés vers l'hôpital Saint-Sauveur, entre le cinquième et le huitième jour de la maladie, dès que le diagnostic put être précisé.

Le 15 mai, deux cas encore, toujours provenant des mêmes chambrées; de ces deux malades, l'un est un détenu, l'autre le gardien du quartier, homme de 26 ans, le plus jeune des gardiens de la prison. Nous avons le regret d'ajouter que ce gardien est mort à l'hôpital Ste.-Eugénie, où il fut transporté.

Le 26 mai, un cas nouveau dans le petit quartier.

Du 3 au 13 juin, sept cas encore, trois dans le petit quartier, deux à *la Pistole,* bâtiment contigu au petit quartier, et trois dans le grand quartier, à l'autre extrémité de la maison ; ces trois derniers cas se produisent les 10 et 11 juin. On peut donc dire aujourd'hui que l'épidémie continue

Tous les détenus frappés par la maladie sont au-dessous de 30 ans, sauf un seul, E..., détenu à la pistole et âgé de 48 ans. Ce malheureux vient de succomber.

Cela nous donne un total actuel de 26 cas, dont 23 dans le même quartier. La population moyenne de ce quartier étant de 60 détenus, cela nous fait plus d'un détenu atteint sur trois.

Le nombre des morts est actuellement de cinq, soit un cinquième des cas.

On voit que la situation a été réellement grave et que l'épidémie ne saurait être, à l'heure actuelle, considérée comme terminée. Bien que la fièvre typhoïde n'ait pas été souvent constatée parmi les maladies endémiques de la Maison d'arrêt, bien que depuis dix ans, en particulier, elle ne s'y soit jamais montrée, il importait néanmoins d'étudier cette épidémie dans ses origines probables, pour en éviter le retour dans l'avenir. Notre intervention était d'autant plus légitime, que cette épidémie était bien une épidémie isolée, une *épidémie de maison,* devant reconnaître une étiologie propre à la maison, car elle s'est développée alors que les bulletins sanitaires de la ville ne mentionnaient aucun cas de fièvre typhoïde.

Il nous a paru intéressant de relever, en quelques mots, les caractères cliniques des cas observés, la *forme* de la maladie. Les malades soignés à l'hôpital Saint-Sauveur nous ont fourni les éléments de cette rapide esquisse. Ces malades sont au nombre de 24, 3 décès

Quinze ont été soignés dans le service de M. le professeur Wannebroucq, qui a bien voulu nous donner, à leur sujet, les renseignements suivants :

« Depuis le début de l'épidémie typhique qui a surgi à la maison d'arrêt, jusqu'à ce jour, la salle St-Louis a reçu 15 détenus. Deux de ces malades sont morts ; les autres sont guéris ou en franche convalescence.

Il n'y a aucun doute à concevoir sur le diagnostic. Il s'agit de fièvre typhoïde et non de typhus exanthématique, chez aucun il n'y eut d'exanthème morbilliforme, ni pétéchies. Le cycle thermique, très prolongé chez quelques uns, a répondu avec de nombreuses variétés aux types que fournit la fièvre typhoïde la plus classique.

Chez un des sujets qui a succombé au 10e jour environ de sa fièvre, nous avons trouvé toutes les plaques de Peyer violemment hypertrophiées, avec un commencement d'ulcération sur quelques unes. Les follicules clos étaient envahis avec la même intensité et un grand nombre d'entr'eux ulcérés.

Le second malade avait ses plaques de Peyer cicatrisées, mais encore très-saillantes et comme aréolaires. Il était arrivé au 36e jour environ et avait succombé à une suppuration suraiguë des parotides et à une méningite de la base suppurée

Quoique provenant du même foyer, ces malades n'ont pas présenté dans la modalité de leur affection, un caractère univoque. La maladie a affecté dans son évolution les différentes formes ou variétés que l'on y rencontre habituellement sans que la communauté d'origine lui ait donné une sorte d'uniformité de physionomie. On pourrait, en classant tous les cas dans une hiérarchie ascendante, retrouver tous les degrés intermédiaires entre la plus violente fièvre typhoïde ataxo-adynamique et hyperthermique et le typhus abortif le plus bénin avec défervescence au 12e ou 13e jour.

Aucune prédominance notable des symptômes sur l'un ou l'autre des appareils.

Les taches rosées extrêmement abondantes chez quelques uns, ont été presque nulles (4 ou 5) chez d'autres.

Dans aucun cas il ne s'est produit d'hémorrhagie intestinale; ni même d'épistaxis sérieuse.

Chez deux de ces malades la convalescence s'est établie difficilement au 40e jour environ, quoiqu'il n'y eût plus de signe thoracique ou abdominal, la température qu'on trouvait de 36°5 à 37°5 le matin, remontait chaque soir à 39° ou 39°5, et cela durant huit ou dix jours successifs. »

Votre rapporteur a reçu dans son service, à l'hôpital Saint-Sauveur, cinq autres malades, sur lesquels on peut formuler une appréciation ; deux autres entrés ces derniers jours, commencent leur maladie trop recente encore pour permettre de poser un pronostic ; sur ces 7 malades j'ai eu jusqu'à présent un décès.

La maladie présenta dans ces cinq cas plus d'uniformité que n'en signale M. Wannebroucq ; pour tous, la forme fut franchement adynamique. La diarrhée fut incessante, exceptionnellement abondante, jusqu'au 15e ou 18e jour ; pour 3 d'entre eux, la diarrhée coïncida avec des vomissements : donc l'état intestinal prédominait. Peu ou pas de symptômes thoraciques.

Les épistaxis ne se montrèrent que sur trois malades, un eut des hémorrhagies intestinales, abondantes et opiniâtres. Peu de roséole. Le cercle thermique fut aussi très-prolongé. Les complications furent pour l'un une angine erythémateuse et ulcéreuse très-pénible, dans les trois premières semaines de la maladie, pour un autre une cystite catarrhale dans la période de convalescence.

Enfin le malheureux qui succomba, jeune fraudeur de 14 ans, après avoir présenté une amélioration d'ensemble du 13e au 16e jour, mourut au 24e, avec les signes classiques de l'ataxo-adynamie, délire furieux, soubresauts, cyanose, etc.

Telle fut la maladie.

ETIOLOGIE. — Etudions maintenant les conditions de son développement.

Et d'abord elle est bien née à la maison d'arrêt. Le premier malade en décembre est détenu depuis le 15 septembre, les malades de la poussée de mars et de la poussée d'avril, sont détenus, en prévention et après condamnation, depuis plus d'un mois au minimum ; et il est peu probable qu'elle ait été importée par des individus libres en rapport avec les détenus.

Une fois née, son développement s'explique aisément, que l'on soit *contagioniste* ou que l'on soit *infectionniste*.

Dans la première hypothèse, on peut invoquer le contact absolu et permanent pendant les 4 ou 5 premiers jours, des détenus déjà malades avec des détenus encore préservés ; pendant ces premiers jours, en effet, l'infection existe déjà, bien que le sujet ne se plaigne pas, et peut-être la transmission est-elle possible et les émanations contagieuses. Outre ce contact permanent, notons quelques conditions spéciales favorables à la transmission, en particulier l'existence d'un baquet commun, simplement posé dans un coin du dortoir, sans cloture protectrice, sans aspiration, sans couvercle hermétique, destiné à recevoir les déjections des malades et des bien portants ; or, la diarrhée est le symptôme ordinaire du début, et l'on ne sort pas la nuit des dortoirs. Notons encore, quelques précautions prophylactiques qui aient été prises, la communauté des literies, des vêtements, etc. qui peuvent passer d'un homme malade à un homme sain. Sans préciser davantage et sans entrer dans la discussion du principe, si la contagion existe elle a dû s'exercer.

Dans l'hypothèse de l'*infection*, la propagation s'explique par la persistance des causes probables que nous résumerons tout à l'heure d'une part, et d'autre part, par la réceptivité morbide que devaient présenter à un haut degré les détenus du quartier des chaussons, jeunes hommes habitués pour la plupart à la vie active, en plein air, car la plupart étaient détenus pour délit de fraude.

Ainsi, par l'un ou par l'autre de ces deux procédés et probablement par tous deux en même temps, s'est étendue la maladie. Voyons maintenant ce qui a pu la créer.

Je crois que l'on ne saurait invoquer, dans l'étude de cette épidémie, une cause créatrice unique ; c'est à un ensemble de conditions mauvaises qu'on doit se reporter ; on ne saurait sans témérité, accuser isolément tel ou tel vice d'installation ni même essayer d'établir une gradation, une hiérarchie dans la série des causes d'infection. Sans doute il serait plus commode de vous signaler un fait coupable isolément, car le remède serait tout trouvé, il suffirait de supprimer ce fait ; mais les résultats seraient illusoires. L'étude raisonnée de nombreuses épidémies de fièvre typhoïde, a montré que ce fait unique fait presque toujours, sinon toujours défaut, et nous dirons ici, sous forme d'introduction, avec le savant professeur d'hygiène de la Faculté de médecine, M. Arnould : « L'étiologie de la fièvre typhoïde est marquée par la complexité et la vaste compréhension du cadre des causes, large manteau qui cache mal la pauvreté réelle de notions invariables(1). »

L'exposé suivant sera, pensons-nous, une preuve de plus à l'appui de cette vérité étiologique.

Eaux de boisson. — L'attention de votre Commission s'est d'abord portée sur l'état des eaux de boisson. Nous y étions d'autant plus incités, que M. le Docteur Folet, médecin de la Maison d'arrêt, nous disait que le quartier infecté avait, à plusieurs reprises et depuis plusieurs années, présenté, plus que tout autre, des cas de diarrhée et d'embarras gastrique, notamment pendant les mois qui précédèrent l'apparition de la fièvre typhoïde. Or, il semble acquis que tel soit précisément le résultat ordinaire de l'ingestion d'eau de mauvaise qualité.

L'eau du petit quartier, comme de toute la prison, vient d'un forage avec faux-puits. A diverses reprises, notamment l'été dernier, les détenus se plaignirent de la mauvaise qualité de l'eau ; sur ces plaintes et sur l'avis conforme du médecin, certaines réparations furent exécutées aux parois de ce puits.

Ce qui, *à priori*, permet de soupçonner les eaux d'avoir contribué au développement au moins d'accidents intestinaux, c'est la singulière disposition suivante qui se reproduit pour chaque cour de la prison. Au centre de la cour, se trouve construit le petit bâtiment des latrines, et la pompe est immédiatement adossée à ce bâtiment. Il y a contiguïté absolue entre la fosse à eau et la fosse d'aisance ; un simple mur mitoyen les

---

(1) Arnould : *Étiologie de la fièvre typhoïde*, p. 4.

sépare, et si l'on juge de l'intérieur par l'extérieur, ce mur, au moins dans le quartier attaqué, est dans un déplorable état, salpétré et crevassé. Bien plus, dans cette cour, le puits à eau potable, accolé aux latrines, est contigu de l'autre côté à l'égout. Or, ni égout, ni latrines, ni puits, n'ont de parois étanches. Et que l'on songe que les fosses d'aisances ont certainement reçu, pendant plus ou moins longtemps, des déjections d'individus atteints de fièvre typhoïde au début, car les malades n'entrent pas à l'infirmerie dès la première heure et séjournent toujours dans le quartier pendant trois ou quatre jours. Disons que dès les premières semaines de l'épidémie, M. le docteur Folet, que l'on doit louer du soin avec lequel il a établi toutes les mesures prophylactiques en son pouvoir, a fait condamner cette pompe.

M. Meurein s'est du reste chargé d'analyser l'eau de ce puits, et voici le résultat de son examen :

« L'eau de la pompe contient des azotates en grande quantité, indice de nitrification des mortiers de la fosse d'aisance voisine, et d'infiltration d'une faible quantité du liquide de la fosse d'aisance. Cette quantité est faible, en effet, car on ne rencontre que des traces de matières organiques, très-peu d'acide phosphorique, un peu plus d'acide sulfurique et de chlore combinés.

» L'eau n'a du reste ni la couleur, ni l'odeur, ni la saveur du liquide de la fosse. »

Si cette analyse n'est point absolument accusatrice, elle n'en laisse pas moins subsister toutes les préventions. Aussi acceptons-nous, dans nos causes probables, l'action nocive de l'eau. Si, ce qui est infiniment probable, elle n'est pas la cause spécifique de la fièvre typhoïde, elle a pu la propager, ou tout au moins la préparer, en créant la diarrhée. Or, a dit M. Arnould, dans le travail cité, tirant cette conclusion de l'analyse de faits nombreux : « Si la diarrhée n'est pas la fièvre typhoïde, on ne contestera pas qu'elle ne soit merveilleusement apte à préparer les voies à cette maladie, qui, précisément, affecte par dessus tout l'intestin, dans sa localisation anatomique.... Toute cause de débilitation est compromettante vis-à-vis des endémo-épidémies comme la fièvre typhoïde, non seulement parce qu'elle soustrait des forces dont on aura besoin pour supporter les chocs de la maladie, mais aussi parce qu'elle désarme l'individu contre l'impression de la cause spécifique ; or, la diarrhée est une soustraction de forces des plus positives. »

Telle est le rôle minimum qui, dans l'espèce, a dû appartenir à l'eau de boisson ; aussi, dans nos conclusions, aurons-nous à chercher un remède à cette situation.

Latrines. — Les fosses d'aisance sont installées d'une façon toute primitive ; il n'y existe pas de cheminées d'aspiration, pas de cuvettes hermétiques; pas le moindre courant d'eau servant au lavage, aussi sont-elles, quoi qu'on fasse, malpropres et puantes, malgré l'emploi des désinfectants, chlorure de chaux et acide phénique. Dans plusieurs quartiers, les latrines sont de simples trous à la turque. Cette disposition n'existe pas dans le quartier infecté. On conçoit que dans de semblables conditions, pendant la période des chaleurs, ces fosses, encaissées dans des cours relativement étroites et enceintes de murs très-élevés, puissent devenir de vértables foyers pestilentiels.

Encombrement. Aération insuffisante. — Nous arrivons au point le plus important de cette étude. La Maison d'arrêt de Lille est incontestablement insuffisante pour le nombre de détenus qu'elle contient. Il y a toujours encombrement.

Cette prison fut construite en 1838, et agrandie en 1845, par l'addition d'un étage à chaque pavillon. On en connaît la disposition architecturale. Le palais-de-justice occupe le centre; de chaque côté s'élève trois pavillons séparés par des préaux étroits; chacun de ces pavillons a un rez-de-chaussée et deux étages. Les chambres, les couloirs, sont trop bas ; cette succession de bâtiments élevés, la hauteur du mur d'enceinte, coupe toute large circulation d'air ; on se sent écrasé en visitant ce triste séjour.

Telle qu'elle est sortie de l'agrandissement de 1845, la prison a été faite pour 300 détenus des deux sexes, et au maximum pour 350. Or, ainsi que le fait remarquer M. le docteur Folet dans un travail (1) auquel nous emprunterons divers renseignements et propositions, depuis cette date la ville de Lille a doublé sa population, et le nombre des détenus, pour cette cause, et peut-être pour d'autres, s'est accru dans une proportion analogue. Aujourd'hui, le nombre des prisonniers atteint quelquefois le maximum de 550, et le contingent normal est de 450. Le 15 mai dernier, jour de la visite de votre Commission, la population était de 351 hommes et de 96 femmes, soit un total de 447, chiffre ce jour là au-dessous de la moyenne. C'était encore 147 détenus de trop.

On se rendra facilement compte des résultats hygiéniques de cette agglomération excessive par les chiffres suivants :

Cubage des locaux :

HOMMES.

Prévenus	1er dortoir	8m. cb.	519	par détenu.
	2e —	9	500	—
	3e —	9	500	—
Condamnés	1er dortoir	8m. cb.	400	—
	2e —	9	413	—
	3e —	7		—
	4e —	8	745	—
	5e —	7	288	—

(1) *Écho du Nord*, 8 et 9 avril 1878.

Ces deux derniers sont ceux du petit quartier, où a sévi particulièrement l'épidémie.

FEMMES.

Prévenues.... dortoir .... $10^{m. cb.}$ 496 par détenue.

Condamnées.. { 1er dortoir .... $7^{m. cb.}$ 657 —
2e — .... 6 450 —

Les ateliers sont aussi défectueux que les dortoirs, au point de vue du cubage, mais nous insistons moins, car dans le jour, les allées et venues nécessaires produisent des modifications dans l'aération, l'asphyxie n'est point constante. On voit que nous sommes loin des 15 mètres cubes d'air par individu, que l'on est habitué à considérer comme indispensables.

Votre Commission, Messieurs, a particulièrement visité les ateliers et dortoirs du quartier malade. Un dortoir de jeunes détenus contenait, sur une superficie de 40 à 45 mètres carrés environ, 36 lits; l'atelier, de même superficie, renfermait 45 travailleurs. Un dortoir de *femmes* contenait 42 lits occupés, même superficie. Le dortoir N° 1 contient 51 lits. Les lits se touchent ou à peu près, le passage entre les rangées est impossible sans frôler les literies, et cependant les jours d'affluence, c'est-à-dire presque constamment, on fait coucher des hommes par terre dans ces trop étroites ruelles.

Le jour de notre visite, la température était douce et les fenêtres largement ouvertes, aussi n'y avait-il pas blessure pour l'odorat; mais le nombre des jours froids et humides l'emporte, dans notre pays, sur le nombre des beaux jours, et pendant les journées d'hiver, les fenêtres ne peuvent s'ouvrir sans inhumanité; il y a, de plus, nécessité de chauffer, et le chauffage est pratiqué au moyen de poêles en fonte fermés, à longs tuyaux traversant l'atelier, le plus mauvais des systèmes, car il vicie l'air et n'aspire pas l'air vicié. Dès lors, on peut supposer que, dans de semblables conditions, l'air des ateliers devient à peu près irrespirable.

Les dortoirs ne sont pas chauffés, mais, en plus de l'encombrement, l'aération s'y exerce d'une façon insuffisante. En effet, ces dortoirs reçoivent l'air du côté des préaux, par des fenêtres grillées, du côté de l'extérieur, par d'étroites meurtrières; ces dernières sont spécialement destinées à l'aération la nuit; elles sont simplement fermées par une planchette qui glisse devant elles en coulisse; or, on a tout lieu de supposer que, par les temps froids, elles restent fermées la nuit, les détenus devant veiller soigneusement à cette fermeture. L'aération nécessaire est ainsi supprimée. Quant aux causes de viciation de l'air, la nuit, elles se trouvent dans l'agglomération des détenus, aggravée encore par deux dispositions condamnables qui ont attiré notre attention : d'abord, le baquet aux excréments dont nous avons déjà parlé, puis la présence d'un bec de gaz qui brûle toute la nuit pour éclairer le dortoir, prenant sa large part de l'oxygène, déjà si rare, sans être utilisé comme moyen d'appel, élevant la température de la chambre, et ainsi, multipliant les effluves miasmatiques.

Tel est, Messieurs, le milieu où viennent brusquement échouer, pour ne parler que du petit quartier, des jeunes hommes la plupart vigoureux, paysans, et habitués par leur profession de fraudeurs, — car c'est pour eux une professsion, — à la vie en plein air et à d'excessifs exercices corporels. Nous ne parlons pas des résultats moraux de cet entassement; on conçoit aisément quels ils peuvent être dans cette promiscuité d'ateliers et surtout de dortoirs.

L'encombrement, l'insuffisance d'aération, sont donc démontrés, là doit être une des principales causes du développement épidémique; sans doute ce n'est pas tout dans ce problème étiologique, car cela existe depuis de longues années, et c'est la première fois que se montre la fièvre typhoïde: mais, nous l'avons dit en commençant, si la précision manque dans l'accusation, si à cette maladie spécifique manque jusqu'à présent une cause spécifique nettement connue, ce n'est pas une raison pour ne pas lutter contre les influences générales que l'observation des siècles a justement accusées de favoriser le développement de cette maladie; l'hygiène publique doit trop souvent borner son rôle à mettre l'individu dans des conditions qui lui permettent de soutenir du mieux qu'il pourra le choc des agents morbides, détruire ceux-ci n'étant pas en son pouvoir.

Exercice en plein air, installations diverses. — Pour être juste, nous devons signaler la sage règlementation de l'exercice physique imposé aux détenus. Cet exercice, qui consiste dans la promenade circulaire dans les préaux, occupe deux heures et demie par jour. Après leurs deux repas, et le temps du repas compris, prévenus et condamnés ont une heure de libres mouvements en plein air.

Là s'arrêtent malheureusement nos éloges, et la critique retrouve vite matière à s'exercer. M. le docteur Folet a déjà signalé les désiderata suivants: nous nous joignons énergiquement à lui.

Le service de propreté corporelle, surtout pour les femmes, le service des bains, n'existent pour ainsi dire pas. La salle de bains du quartier des hommes est un petit caveau creusé dans le soubassement du Palais de Justice, elle sert en même temps à l'écurage des ustensiles de cuisine. La salle de bains des femmes est une ancienne chambre de correction, sans fenêtres, éclairée à peine par une porte à vitrage. Dans l'une comme dans l'autre de ces salles, on ne peut faire de feu.

Lors de notre dernière visite à la prison, nous avons été péniblement impressionné par la lugubre et dangereuse disposition du dortoir des cuisiniers. Ce dortoir, qui contient 5 lits, s'ouvre sur le couloir souterrain qui réunit les deux côtés de la prison et passe sous le Palais de Justice. C'est une cave voûtée étroite et longue de 6 mètres, humide et absolument obscure ; l'air et le jour n'y pénétrent que par une petite fenêtre s'ouvrant sur une cour en sous-sol. La commission des logements insalubres ne tolérerait pas qu'un semblable réduit puisse servir d'habitation pour un seul homme, et sept détenus y passent la nuit.

Les infirmeries sont également très-insuffisantes, quoique le cubage y soit relativement satisfaisant : il est en effet de 25 m. par malade pour l'infirmerie des hommes, et de 17 m. 500 pour l'infirmerie des femmes ; cela tient au petit nombre de lits qui y sont intsallés, (7 lits pour 350 hommes) mais c'est précisément dans ce petit nombre qu'est la défectuosité. En effet, par défaut de place, beaucoup de détenus qui devraient y être transportés au premier malaise, restent dans les quartiers et peuvent y devenir, comme cela a dû avoir lieu dans l'épidémie actuelle, une cause de transmission infectieuse. Ajoutons que les infirmeries sont des chambres semblables aux autres, ni mieux aérées ni mieux éclairées, sans aucun des accessoires de première nécessité que comporte le soin des malades. Il n'y existe pas de salles d'isolement si nécessaires, dit justement M. Folet, pour les malades atteints de maladies contagieuses ou pour ces aliénés bruyants qui entrent si souvent dans les maisons d'arrêt.

Cette salle d'isolement serait peut-être encore plus nécessaire pour l'infirmerie des femmes ; en effet, dans cette infirmerie se font de nombreux accouchements, 18 en 1877, 16 en 1879. Ces accouchements doivent se faire en public, côte à côte avec d'autres malades, et, ce qui est bien pis, à côté de femmes bien portantes, que l'excès d'encombrement oblige à placer parfois à l'infirmerie.

Nous n'insistons pas davantage, ce sont des faits qui parlent bien haut et réclament des améliorations urgentes.

Uniformité et insuffisance alimentaires.— J'ai reçu la mission, Messieurs, de vous signaler une autre cause probable de l'épidémie actuelle : la défectuosité de l'alimentation. Cette alimentation nous a paru défectueuse par son uniformité et son insuffisance.

La nourriture des détenus, déterminée par les règlements, est la suivante :

Chaque jour il est attribué à chaque prisonnier ;

1° 850 gr. de pain ; 800 pour les femmes ;

2° Un litre de soupe contenant :

300 gr. de pommes de terre ou 90 gr. de légumes secs, 80 gr. de légumes verts ;
10 gr. de fécule ;
10 gr. d'oseille cuite ;
12 g. 50 de graisse.

Tel est l'ordinaire de toute la semaine ; le dimanche on y ajoute 150 gr. de viande, réduite par la cuisson à 90 gr. environ. S'il est un fait acquis en ce qui concerne l'hygiène alimentaire, c'est que la variation dans les aliments est indispensable, sinon les fonctions digestives languissent vite, l'appétit se perd, l'absorption se fait incomplètement. Or, d'un bout de l'année à l'autre, c'est ici la même soupe, composée des mêmes ingrédients et en même quantité. De cette uniformité, peut-être plus que de la mauvaise qualité de l'eau, doivent dépendre les troubles gastro intestinaux si souvent observés.

L'alcool, sous aucune forme, ne peut être délivrée au détenu, ni dans le régime ordinaire, ni à la cantine ; nous pensons que c'est là une mesure regrettable. Les hommes de notre région ont tous l'habitude de l'alcool, et l'on peut sans crainte d'erreur supposer que nos prisonniers avaient, plus que tout autre peut-être, cette habitude qui trop souvent les a menés où nous les trouvons. Dans ces conditions, une privation subite et absolue peut devenir un danger. Et qu'on n'invoque pas les nécessités de la discipline que pourrait compromettre l'usage de l'alcool ; il ne s'agit dans aucun cas d'en donner trop, nous voudrions seulement qu'il en fût donné assez; et à cet égard, du reste, nous sommes rassurés par l'opinion d'un homme très-compétent, qui nous disait hier : « Loin de menacer la discipline, un peu d'alcool y aiderait ; vous ne sauriez croire ce que l'on ferait faire à nos détenus pour un verre de bière promis ou supprimé. »

Plus grave encore est le reproche suivant: la viande entre dans ce régime pour une part trop faible. Il suffit de faire remarquer en effet qu'un condamné à un an mangera à peine, dans toute son année, 5 kilog de viande.

Ainsi l'individu subira une dépression de forces facile à apprécier, dépression tenant à l'insuffisance alimentaire d'une part, et d'autre part aux troubles intestinaux, diarrhée et autres, dépendant de l'uniformité, (nous admettons la bonne qualité des aliments octroyés, le pain examiné par M. Meurein a été reconnu bon ; or, cette dépression, c'est la meilleure préparation pour l'organisme à recevoir l'influence des agents infectieux et de l'agent typhique en particulier.

CONCLUSIONS. — Telle est, Messieurs, après examen, la série de causes que votre Commission accuse d'avoir préparé le terrain à l'évolution de l'épidémie typhoïde qui nous a été signalée. Elles se résument dans les faits suivants :

Contamination probable des eaux potables par les liquides des fosses d'aisance et de l'égout ;

Latrines mal installées ;

Encombrement des ateliers et des dortoirs ;

Défaut d'aération ;

Diverses conditions d'installation défectueuses, baquets des dortoirs, pas de service de bains, service de propreté insuffisant, infirmeries insuffisantes, uniformité et insuffisance alimentaire.

Des moyens prophylactiques ont été pris dès le début de la maladie, et il y a lieu à cet égard d'adresser de vifs éloges au médecin de l'établissement et au personnel administratif, chacun a fait ce qu'il a pu ! M. Folet a prescrit la substitution d'une tisane amère bouillie à l'eau de puits suspecte, le renouvellement de tous les objets de literie, costumes, etc., le blanchiment des murs à la chaux, le lavage et les aspersions à l'eau phéniquée; une surveillance plus sévère dans l'aération, le déplacement des jeunes détenus et l'envoi dans le quartier *des chaussons* d'hommes âgés de plus de 35 ans; il a obtenu du parquet qu'il serait sursis autant que possible à l'exécution des jugements, mais il est évident qu'à l'extrême limite des sursis légaux, cette mesure de désencombrement temporaire aboutira à une recrudescence d'encombrement; enfin il a fait exécuter le transfert à l'hôpital de tous les cas de fièvre typhoïde dès que le diagnostic était possible. En un mot notre distingué collègue a fait tout ce qu'il lui était moralement possible de faire.

Mais il ne pouvait remédier aux causes générales de développement épidémique, car elles tiennent à l'organisation même de la maison d'arrêt, ainsi que vous avez pu vous en assurer.

C'est ici que notre rôle commence, et votre commission croit remplir son devoir et rester fidèle à ses attributions, en signalant à l'administration préfectorale les améliorations nécessaires. Un certain nombre de propositions, que nous allons avoir l'honneur de vous soumettre, peuvent facilement et immédiatement passer du projet à l'application; plusieurs mêmes, ainsi que nous le dirons, sont déjà des faits accomplis. Les autres nécessiteront des études approfondies et sont subordonnées à des considérations qui ne sont pas de notre compétence. Il nous suffira d'en avoir démontré l'urgente nécessité.

1° En ce qui concerne la contamination possible des eaux potables par les liquides des fosses d'aisance et des égouts, la Commission propose la suppression de tous les puits actuellement existants à la maison d'arrêt, et leur remplacement par une large distribution d'eau d'Emmerin.

Ces eaux devront être exclusivement employées pour les usages de la cuisine et pour la boisson des détenus ; elles permettront le lavage plus fréquent et plus complet des préaux, dortoirs, ateliers, etc.; et cela au prix de moins de fatigue pour le personnel de la maison, très-dévoué, mais insuffisant. Elles permettront l'installation d'appareils de toilette auxquels les détenus auront facilement accès, l'irrigation permanente des urinoirs et des cuvelles des latrines. En un mot elles apporteront à la maison d'arrêt tous les avantages qu'en a recueillis l'hygiène publique et privée de notre ville. Nous formulons le vœu que cette installation soit complète et rapidement terminée.

2° Les trous à la turque seront supprimés ; les latrines seront munies de cuvettes hermétiques, avec lavage automatique et occlusion par l'eau, et de cheminées d'aspiration dépassant la hauteur des bâtiments ; les fosses seront agrandies si cet agrandissement est reconnu nécessaire par l'installation du lavage permanent ; elles seront soigneusement rendues étanches.

3° Un service de bains suffisant sera établi dans le quartier des hommes et dans le quartier des femmes, suffisant non seulement pour l'usage des malades, mais aussi pour l'usage des détenus bien portants, qui y seront soumis obligatoirement. Au système des bains chauds devrait être annexée une salle d'hydrothérapie munie de quelques appareils fort simples pour le lavage et le savonnage des détenus par irrigation froide. Nous pensons que la santé des prisonniers trouverait, dans l'emploi de l'eau froide ainsi appliquée, de sérieux avantages, sans qu'il en coûte beaucoup à l'Administration. Nous faisons remarquer qu'une obligation analogue vient d'être prescrite aux militaires et que l'administration de la guerre prend actuellement des mesures pour que toutes les casernes soient munies d'une installation balnéaire qui a fait trop longtemps défaut.

Or, ce qui est bon pour les militaires est indispensable pour les détenus, qui n'ont pas la ressource des bains froids d'été.

4. Les infirmeries seront agrandies, le nombre de lits augmenté.

Elles seront munies de tous les appareils que comportent les salles d'hôpital, pour l'aération et la distribution de la lumière, etc. Il y sera adjoint une salle d'isolement. Elles seront, autant que possible, chauffées par un foyer ouvert, à flamme apparente, et éclairées la nuit par un bec de gaz placé à la partie inférieure d'une petite cheminée en bois, partant à hauteur d'homme, et communiquant avec l'extérieur au niveau du plafond. Ce bec de gaz pourra, au besoin, fonctionner pendant le jour ; nous recommandons la substitution de cet appareil si simple et qui donne de si bons résultats, au point de vue de la désinfection, au système d'éclairage actuellement employé dans les dortoirs.

5. Les détenus continueront à être soumis à des exercices de marche rapide ou de course, dans les préaux. L'aération des ateliers et dortoirs sera pratiquée aussi largement que possible. On substituera, aux poêles de fonte fermés, des foyers ouverts. Le baquet des dortoirs sera supprimé et remplacé par une cuvette hermétique avec tuyau de descente dans les fosses et irrigation. Les difficultés d'installation ne sont pas ignorées par le Conseil de Salubrité, mais son devoir est d'indiquer les *desiderata*, tout en tenant compte des obstacles possibles à la réalisation de ces vœux.

6. Le Conseil voudra bien attirer l'attention de l'autorité supérieure sur l'alimentation des détenus, jugée dangereuse par son uniformité et son insuffisance. Nous demandons l'augmentation du nombre des repas gras, et l'introduction de l'alcool, en telle proportion qui sera jugée convenable. Nous faisons remarquer que la nourriture réglementaire est la même pour toute la France et ses colonies, et qu'il n'est tenu nul compte, ni des différences de climat, ni des différences de race

et d'habitudes. Il paraît cependant évident que l'alimentation ne saurait être utilement la même pour l'habitant des pays chauds et pour l'homme du Nord. Si l'une des conditions de l'acclimatement est dans la modification du régime, *a fortiori* l'uniformité du régime ne saurait-elle, sans danger, être imposée aux divers climats.

7. Quant aux inconvénients si graves résultant de l'encombrement, ils pourraient être momentanément modifiés, par quelques précautions au pouvoir du Parquet ou de l'Administration préfectorale, mais ils ne sauraient être supprimés que par une mesure radicale.

Les précautions à prendre à diverses périodes, et notamment sous l'impérieuse nécessité du moment, peuvent être : la diminution du temps de prévention, le sursis à l'exécution des jugements, porté à l'extrême limite légale; des évacuations sur les prisons moins encombrées de Cambrai, Hazebrouck, etc., et aussi sur l'Abbaye-de-Loos, où un quartier correctionnel a été annexé à la Maison centrale. Mais, ainsi que l'a fait déjà remarquer M. le Docteur Folet, « ces mesures sont un palliatif précaire, irrégulier, non indéfiniment applicable; les évacuations qui se font sur Loos ont, de plus, l'inconvénient d'aggraver le caractère apparent de la pénalité. »

Le remède unique et nécessaire est autre, et il se résume dans ce dilemne : Ou agrandir la Maison d'arrêt actuelle, ou la transporter sur un autre emplacement. C'est à cette conclusion qu'avait abouti le travail de M. Folet, à qui revient l'honneur d'avoir poussé, il y a deux ans, le premier cri d'alarme; malheureusement il ne fut pas entendu, et il a fallu, comme toujours, l'épreuve d'événements irréparables, pour donner de l'autorité à ces avertissements.

On ne saurait songer à agrandir la prison de Lille. Le mieux serait de la supprimer, loin de l'élargir. Quoi que l'on fasse, en effet, elle serait toujours défectueuse au point de vue hygiénique intérieur, enserrée qu'elle est dans une agglomération d'habitations, au centre de la vieille ville ; elle deviendrait parfois dangereuse pour la cité elle-même si, comme aujourd'hui, s'y développait une maladie transmissible. De plus, ainsi qu'on l'a fait remarquer [1], la loi du 5 juin 1875, actuellement en vigueur, « en admettant, pour des raisons financières, le *statu quo* dans les prisons anciennes, force les départements à opérer, dorénavant, toute *appropriation* ou toute *construction* de prison, d'après un plan dressé en vue du système cellulaire, rendu obligatoire pour tous les détenus à un an et un jour et au-dessous. » Agrandir la prison de Lille, c'est-à-dire, suivant l'expression de la loi, *l'approprier,* avec le nombre de 450 détenus et au-delà qu'elle contient, en assurant à chaque détenu l'isolement complet de jour et de nuit, nécessiterait des frais et surtout un développement de construction que ne permettent pas la disposition et le prix des terrains voisins.

La prison de Lille ne peut être agrandie, elle doit donc être déplacée. Ce déplacement n'équivaut pas à une suppression : car, sur les 450 détenus, 130 à 150 sont en prévention ; pour les nécessités de l'instruction, ils ne sauraient être éloignés des parquets ; à côté de ces prévenus se placent les condamnés à un très-court emprisonnement ; ceux là resteraient dans la prison actuelle. On reviendrait ainsi, ne le dépassant jamais, au chiffre maximum de 250 à 300, prévu lors de la construction. Dans ces conditions et avec les améliorations indiquées, la prison de Lille pourrait être conservée sans danger pour les prisonniers et pour les habitants.

Quant à la construction d'une prison nouvelle, tout en formulant le vœu que l'administration et le Conseil général mettent le plus vite possible la question à l'étude, nous n'avons pas à en déterminer actuellement les conditions. Qu'elle s'élève à proximité de la ville, si l'on veut, mais non dans la ville elle-même ; qu'elle ait, dans son intérêt et dans l'intérêt général,

---

[1] Docteur Folei, *loco citato*.

l'air de la campagne, voilà tout ce que nous demandons actuellement, nous réservant, le cas échéant, de mettre notre bonne volonté au service de l'intérêt public.

Nous avons, Messieurs, la satisfaction d'ajouter que l'administration préfectorale a fait, en face de l'épidémie, ce qu'il lui était possible de faire. Elle a entendu les conseils du médecin de l'établissement, de notre collègue, M. Pilat, médecin des épidémies, ainsi que ceux de votre Commission, et des mesures sérieuses de préservation sont déjà prises. Voici en quelques mots ce qui a été fait :

Le ministre compétent, averti de cette situation grave, a, sur la demande de M. le Préfet, accordé 3 régimes gras par semaine. Une distribution de 1/4 de litre de tisane de café est faite chaque matin, après la descente des dortoirs, à chaque détenu, cette tisane est préparée avec 20 gr. de café par litre, au lieu de 10 gr. qu'une décision ministérielle antérieure avait fixés pour l'infusion dont la vente est autorisée dans les cantines des maisons centrales. A ces 250 gr. d'infusion est ajouté un 40° d'alcool à 90°.

Des ordres sont donnés pour l'amélioration du service des bains et pour l'installation des eaux d'Emmerin.

Enfin, pour remédier à l'encombrement, les dispositions suivantes ont été prises: évacuation de 18 femmes vers la prison d'Hazebrouck ; évacuation vers Loos, quartier correctionnel, des hommes âgés de plus de 40 ans et ayant encore quelques mois de prison à faire, avec changement de vêtements et bain à la sortie de Lille et mêmes précautions à l'arrivée à Loos; malheureusement le nombre des individus rentrant dans cette catégorie est restreint et ne dépassera pas 20. Enfin, M. le Préfet sollicite du Ministre des finances, l'autorisation de mettre en liberté les fraudeurs détenus pour contrainte par corps, et il y a lieu d'espérer qu'une réponse favorable sera donnée à cette proposition; cette mesure enlèverait d'un coup 82 détenus, hommes et femmes, à l'influence et à la production épidémique.

Vous le voyez, l'Administration comprend le vice radical de notre maison d'arrêt, l'encombrement, et fait ce qu'elle peut pour y obvier. Ses efforts tendent à faire revenir la population de la prison au chiffre de 300 qu'elle n'aurait dû jamais dépasser. Malheureusement ces mesures seront essentiellement provisoires, elles dureront tout au plus autant que l'épidémie, et les mêmes inconvénients et dangers ne tarderont pas à se reproduire si l'on ne se hâte d'assurer l'avenir par la construction d'une 2e prison pour l'arrondissement de Lille.

Vous voudrez bien excuser, Messieurs, les développements dans lesquels nous sommes entrés ; notre mission était de déterminer l'étiologie probable de l'épidémie typhique actuelle et de proposer ce qui nous semblait devoir être le remède. Nous avons été amenés presque malgré nous, mais forcément, à agrandir le sujet et à vous montrer que le mal n'est pas dans telle ou telle condition accidentelle, et que notre maison d'arrêt est défectueuse dans son ensemble, et surtout par son excès de population.

Nous soumettons à votre approbation les mesures d'amélioration que nous avons cru devoir formuler, ainsi que cette conclusion plus grave, mais tout aussi nécessaire : *la maison d'arrêt de Lille est absolument insuffisante, et il y a urgence de lui construire une annexe loin du centre de la ville.*

Si vous adoptez ces vœux, nous les adresserons avec confiance à M. le Préfet et au Conseil général, assurés qu'ils trouveront bon accueil et que des mesures radicales seront prises, dans l'intérêt des prévenus, qui ne sont pas encore des condamnés, et qui ne sont pas toujours des coupables, dans l'intérêt des condamnés qu'il faut traiter avec humanité, et surtout dans l'intérêt de la ville de Lille, pour laquelle la maison d'arrêt ne tarderait pas à devenir une menace permanente.

Lille, 9 juin 1879.

Les Membres de la Commission,
MM. Wintrebert, Cazeneuve, Meurein, Pilat et Hallez, rapporteur.

Lille-Imp. L Danel.

www.ingramcontent.com/pod-product-compliance
Lightning Source LLC
Chambersburg PA
CBHW060451050426
42451CB00014B/3261